Sikander Shahid

CIBERSEGURANÇA E RELAÇÕES INTERNACIONAIS

Sikander Shahid

CIBERSEGURANÇA E RELAÇÕES INTERNACIONAIS

A POLÍTICA DE ESTADO NA ERA DIGITAL

ScienciaScripts

Imprint
Any brand names and product names mentioned in this book are subject to trademark, brand or patent protection and are trademarks or registered trademarks of their respective holders. The use of brand names, product names, common names, trade names, product descriptions etc. even without a particular marking in this work is in no way to be construed to mean that such names may be regarded as unrestricted in respect of trademark and brand protection legislation and could thus be used by anyone.

Cover image: www.ingimage.com

This book is a translation from the original published under ISBN 978-620-7-45576-8.

Publisher:
Sciencia Scripts
is a trademark of
Dodo Books Indian Ocean Ltd. and OmniScriptum S.R.L publishing group

120 High Road, East Finchley, London, N2 9ED, United Kingdom
Str. Armeneasca 28/1, office 1, Chisinau MD-2012, Republic of Moldova, Europe
Printed at: see last page
ISBN: 978-620-7-63024-0

Agradecimentos

Gostaria de expressar a minha sincera gratidão aos meus pais e aos meus professores pelo seu inestimável apoio e contribuições para este projeto. A sua orientação e encorajamento foram fundamentais para a concretização desta revista.

Gostaria também de expressar a minha sincera gratidão à editora que me ajudou a publicar a minha revista de investigação.

Sobre o autor

Sikander Shahid é um indivíduo dedicado e multifacetado que está atualmente a tirar dois diplomas: BS International Relations e BS Information Technology. Com uma paixão por assuntos internacionais e tecnologia, Sikander tem navegado com sucesso na intersecção destes dois campos diversos.

Para além das suas actividades académicas, Sikander possui certificações conceituadas em Cibersegurança de gigantes da indústria como a Google, IBM, Microsoft, Cybrary e Cisco. Também é certificado em Suporte de TI pela Google e pela IBM, o que demonstra a sua proficiência no domínio dinâmico das tecnologias da informação.

A experiência de Sikander estende-se ao domínio da cibersegurança com uma certificação em Ethical Hacking do EC-Council. O seu empenho em garantir uma segurança de informação robusta é ainda sublinhado pelas certificações como Gestor de Segurança de Informação Certificado (CISM) e Auditor de Segurança de Informação Certificado (CISA).

Para além do domínio da tecnologia, Sikander mergulhou no intrincado domínio das Relações Internacionais, adquirindo certificações em áreas como o Direito Humanitário Internacional, Resolução de Conflitos Internacionais, Comércio Internacional e Diplomacia Global. Estas certificações são de instituições prestigiadas, incluindo a Universidade da Pensilvânia, a O.P. Jindal Global University e a Universidade de Leiden.

A sua curiosidade insaciável e a sua dedicação à aprendizagem contínua são evidentes nas suas actividades nestas diversas disciplinas. Sikander sintetizou o seu percurso, os seus conhecimentos e as suas reflexões numa revista atraente que promete ter eco junto dos leitores que partilham o seu entusiasmo pela intersecção da tecnologia e das relações internacionais.

Índice

INTRODUÇÃO

Antecedentes:

No panorama atual, a importância da cibersegurança atingiu níveis sem precedentes, reflectindo a crescente integração das tecnologias digitais em todas as facetas da sociedade. A era moderna é marcada por uma profunda dependência de sistemas interligados, desde dispositivos pessoais a infra-estruturas críticas. Consequentemente, o conceito de política, tradicionalmente associado à diplomacia e às estratégias militares, alargou o seu domínio ao domínio digital. A vulnerabilidade das nações às ciberameaças aumentou, tornando a cibersegurança uma componente essencial da segurança nacional e das relações internacionais.

A proliferação das tecnologias digitais não só transformou as paisagens domésticas, como também reformulou a dinâmica das relações internacionais. Atualmente, as nações envolvem-se numa complexa dança de poder, influência e cooperação no ciberespaço, onde as fronteiras tradicionais e as fronteiras físicas se tornaram obsoletas. A interconexão das economias, a fluidez da informação e a dependência das infra-estruturas digitais deram origem a uma nova dimensão da política - uma dimensão que exige uma reavaliação dos quadros diplomáticos e estratégicos tradicionais.

Objectivos:

O principal objetivo desta revista é explorar a intrincada interação entre a cibersegurança e as relações internacionais, dissecando a paisagem em evolução da política na era digital. No âmbito deste objetivo global, serão abordados os seguintes objectivos principais

1. Examinar o papel da cibersegurança na definição das estratégias e interacções dos Estados-nação.
2. Investigar o impacto das ciberameaças na estabilidade e segurança internacionais.
3. Analisar as estratégias utilizadas pelas nações em resposta a ameaças e ataques cibernéticos.
4. Avaliar a eficácia dos actuais quadros internacionais na abordagem das ciberameaças e na promoção da cooperação.

Âmbito de aplicação e limitações:

Este estudo centra-se na intersecção entre a cibersegurança e as relações internacionais, explorando principalmente as implicações das ciberameaças na política. O âmbito abrange as estratégias utilizadas pelas nações, a natureza evolutiva dos ciberconflitos e o papel da cibersegurança na definição das relações diplomáticas. No entanto, é fundamental reconhecer certas limitações desta investigação. A natureza em rápida mutação das ameaças à cibersegurança e a sensibilidade das questões de segurança nacional podem colocar desafios à obtenção de dados exaustivos e actualizados. Além disso, o estudo não se debruça sobre os aspectos técnicos da cibersegurança, centrando-se antes nas suas implicações mais vastas para as relações internacionais.

Revisão da literatura:

A literatura existente sobre cibersegurança e relações internacionais realça a natureza multifacetada da relação entre estes dois domínios. Os académicos têm discutido extensivamente a importância estratégica da cibersegurança no contexto da segurança nacional, salientando a necessidade de as nações adaptarem os seus quadros de política externa à era digital. No entanto, existe uma lacuna notável na compreensão da eficácia dos actuais quadros internacionais na mitigação das ciberameaças e na promoção da colaboração entre nações. Esta investigação visa colmatar esta lacuna, avaliando criticamente a literatura existente e contribuindo com ideias que abordam este aspeto específico da relação entre cibersegurança e relações internacionais.

Quadro teórico
Introdução

Compreender a dinâmica da cibersegurança no domínio das relações internacionais exige uma análise de várias perspectivas teóricas. O realismo, o liberalismo e o construtivismo oferecem perspetivas distintas através das quais podemos analisar o comportamento dos Estados, a cooperação e o conflito na era digital.

Realismo na cibersegurança

O realismo, enquanto teoria fundamental das relações internacionais, afirma que os Estados são motivados principalmente pelo interesse próprio e pela procura de poder. No contexto da cibersegurança, o realismo reflecte-se nos esforços estratégicos dos Estados para maximizar a sua segurança e obter uma vantagem competitiva no ciberespaço. As capacidades cibernéticas são vistas como componentes integrais do poder nacional e os Estados são levados a melhorar as suas capacidades tecnológicas para salvaguardar os seus interesses.

As considerações realistas estendem-se à natureza de soma zero das actividades cibernéticas. As nações envolvem-se em operações cibernéticas não apenas para se defenderem, mas também para minar as capacidades dos Estados rivais. A espionagem cibernética, as operações cibernéticas ofensivas e o desenvolvimento de armamento cibernético avançado tornam-se elementos cruciais na procura realista de vantagens estratégicas.

Além disso, a natureza anárquica do sistema internacional, um princípio central do Realismo, traduz-se numa falta de autoridade centralizada no ciberespaço. Esta ausência de um órgão de governação global contribui para um cenário em que os Estados operam de forma independente, procurando assegurar os seus interesses num mundo digitalmente ligado.

Liberalismo e cooperação cibernética

O Liberalismo, em contraste com o Realismo, enfatiza o potencial de cooperação internacional, a importância das instituições internacionais e o Estado de Direito. No domínio da cibersegurança, o liberalismo manifesta-se em esforços de colaboração para estabelecer normas, regras e padrões para um comportamento responsável no ciberespaço.

As organizações internacionais, como as Nações Unidas e os seus órgãos subsidiários, tornam-se arenas para o desenvolvimento de normas cibernéticas. Os tratados e acordos surgem como ferramentas para moldar o comportamento dos Estados, com ênfase na utilização pacífica do ciberespaço. As perspectivas liberais também destacam o papel dos intervenientes não estatais, como as empresas multinacionais e as organizações não governamentais, na influência e modelação da governação do ciberespaço.

A noção de segurança colectiva é predominante no pensamento liberal, sugerindo que a cooperação internacional pode atenuar as ameaças à cibersegurança. De acordo com o liberalismo, os Estados podem beneficiar coletivamente ao aderirem a regras e normas acordadas, promovendo a estabilidade e reduzindo a probabilidade de conflitos cibernéticos.

Construtivismo e normas cibernéticas

O construtivismo, com o seu enfoque no papel das ideias, normas e identidade na formação do comportamento do Estado, fornece informações valiosas sobre a natureza evolutiva das normas de cibersegurança. No domínio digital, as normas não são estáticas, mas são socialmente construídas através de interacções e entendimentos partilhados entre Estados.

O desenvolvimento e a difusão de normas cibernéticas são influenciados pelas identidades dos Estados e pelo reconhecimento da importância de um comportamento responsável no ciberespaço. O construtivismo sugere que a compreensão das ameaças e respostas à cibersegurança é moldada pelas narrativas e discursos que os Estados constroem.

Como as normas em torno das actividades cibernéticas continuam a evoluir, o construtivismo oferece um quadro para compreender como os Estados se adaptam às ameaças e desafios emergentes. Encoraja a exploração das formas como os entendimentos e percepções partilhados influenciam o comportamento do Estado no domínio cibernético.

Síntese de teorias: Navegar no Ciberespaço

Embora o Realismo, o Liberalismo e o Construtivismo ofereçam perspectivas distintas, a sua síntese é essencial para uma compreensão abrangente da cibersegurança nas relações internacionais. As ideias realistas sobre a procura de poder e vantagem estratégica complementam as aspirações liberais de cooperação e governação baseada em regras. O construtivismo enriquece esta síntese ao realçar o papel das ideias partilhadas e das normas em evolução na formação do comportamento dos Estados.

Ao navegar pelas complexidades do ciberespaço, os decisores políticos e os académicos podem recorrer a estas teorias para desenvolver estratégias diferenciadas. As considerações realistas podem informar as políticas de cibersegurança que dão prioridade ao reforço das capacidades nacionais, enquanto as perspectivas liberais podem orientar os esforços para a cooperação internacional e o estabelecimento de normas. O construtivismo, com a sua ênfase na identidade e nas normas, sublinha a importância de compreender como os Estados percepcionam e se adaptam aos desafios colocados pelo domínio digital.

Principais quadros de cibersegurança
Introdução aos principais quadros de cibersegurança

Compreender e lidar com as complexidades da cibersegurança exige uma abordagem estruturada e estratégica. Os principais quadros de cibersegurança, como o Quadro de Cibersegurança do NIST e o Cyber Kill Chain, servem como ferramentas de análise inestimáveis, fornecendo uma estrutura abrangente para compreender, prevenir e responder às ciberameaças.

Quadro de Cibersegurança do NIST: Uma abordagem sistemática

O National Institute of Standards and Technology (NIST) Cybersecurity Framework oferece uma abordagem sistemática e holística para gerir e reduzir

risco de cibersegurança. Composto por cinco funções principais - Identificar, Proteger, Detetar, Responder e Recuperar - o quadro fornece uma estrutura sólida para que as entidades públicas e privadas melhorem a sua postura de cibersegurança.

Identificar: Esta função envolve a compreensão e o reconhecimento dos riscos cibernéticos. Num contexto de relações internacionais, os Estados podem adaptar a função Identificar para reconhecer os actores estatais envolvidos em operações cibernéticas. A atribuição de ciberataques a nações específicas torna-se um aspeto crucial das considerações diplomáticas e estratégicas.

Proteger: A proteção das infra-estruturas e dos activos críticos é essencial. Os Estados podem tirar partido da função Proteger para melhorar as suas capacidades de cibersegurança, salvaguardando informações sensíveis e garantindo a resiliência de sistemas essenciais contra ciberameaças.

Detetar: A capacidade de detetar e responder às ciberameaças de forma atempada é crucial. Esta função é adaptável à análise das relações internacionais, permitindo aos Estados identificar padrões de comportamento cibernético e potenciais ameaças no panorama digital global.

Responder: No caso de um incidente cibernético, é vital uma resposta eficaz. A função "Responder" pode ser aplicada à cena internacional, orientando os Estados no desenvolvimento de estratégias para enfrentar os ciberataques de forma rápida e eficaz.

Recuperar: Após um incidente cibernético, o objetivo é recuperar rapidamente e atenuar os danos. Num contexto internacional, a função de recuperação envolve esforços diplomáticos, cooperação e reforço da resiliência para garantir o restabelecimento da normalidade na sequência de um ciberataque.

Cadeia de morte cibernética: Compreender e prevenir os ciberataques

A Cyber Kill Chain, desenvolvida pela Lockheed Martin, descreve as fases de um ataque cibernético, fornecendo uma compreensão detalhada da metodologia do atacante. Desde o reconhecimento inicial até à exfiltração de dados, esta estrutura ajuda a compreender e a prevenir cada fase de um ataque.

Reconhecimento: Os Estados podem aplicar a fase de Reconhecimento para analisar as acções preparatórias das ciberoperações patrocinadas pelo Estado. A compreensão da fase de recolha de informações ajuda a prever e a combater potenciais ameaças.

Armação: Esta fase envolve a criação de ferramentas maliciosas. Num contexto internacional, o reconhecimento da fase de Weaponization é crucial para identificar o desenvolvimento e a utilização de armas cibernéticas por actores estatais.

Entrega: Os Estados podem utilizar a fase de entrega para compreender como é que as ciberameaças chegam aos seus alvos. A análise desta fase fornece informações sobre os métodos utilizados pelos adversários no domínio digital.

Exploração: O reconhecimento da fase de exploração envolve a compreensão de como as vulnerabilidades são exploradas. Os Estados podem adaptar esta fase para identificar os pontos fracos da sua infraestrutura de cibersegurança que podem ser alvo de ciberoperações patrocinadas pelo Estado.

Instalação: Esta fase envolve a implantação efectiva do código malicioso. Num contexto de relações internacionais, o reconhecimento da fase de instalação ajuda a compreender a execução de ciberataques patrocinados pelo Estado.

Comando e controlo: Os Estados podem analisar a fase de Comando e Controlo para identificar e interromper os canais de comunicação utilizados pelos actores estatais nas ciberoperações.

Acções relativas aos objectivos: Esta fase final envolve a exfiltração efectiva de dados ou a realização dos objectivos do atacante. Nas relações internacionais, compreender a fase das Acções sobre os Objectivos é crucial para avaliar o impacto e as motivações subjacentes às ciberactividades patrocinadas pelo Estado.

Adaptação dos quadros de análise das relações internacionais

A versatilidade destes quadros permite a sua adaptação à análise das relações internacionais na era digital. A função Identificar do quadro do NIST, por exemplo, pode ser aplicada para reconhecer actores estatais envolvidos em operações cibernéticas, atribuindo ataques cibernéticos a nações específicas.

A Cyber Kill Chain, centrada nas fases de um ciberataque, permite a identificação de padrões e estratégias utilizados pelos Estados no ciberespaço. A análise destas fases fornece um quadro para compreender as operações cibernéticas patrocinadas pelo Estado e desenvolver estratégias para as interromper ou atenuar.

História e evolução

I. Introdução

A cibersegurança tem evoluído significativamente ao longo dos anos, reflectindo os rápidos avanços da tecnologia. Esta evolução é marcada por eventos e marcos importantes que moldaram a forma como os indivíduos, as empresas e as nações abordam a proteção dos seus activos digitais. Além disso, à medida que o domínio digital se entrelaça com a geopolítica, os grandes incidentes cibernéticos emergiram como factores críticos que influenciam as relações internacionais. Este ensaio traça o desenvolvimento histórico da cibersegurança e analisa os principais incidentes cibernéticos que tiveram profundas implicações na cena mundial.

II. Evolução da cibersegurança
2.1. Era pré-computacional

As raízes da cibersegurança remontam à era pré-computador, quando a comunicação era essencialmente analógica. Os primeiros métodos de encriptação, como a cifra de César, lançaram as bases para a segurança das mensagens. No entanto, o advento dos computadores trouxe novos desafios e oportunidades para os agentes maliciosos.

2.2. Nascimento da segurança informática

A década de 1970 testemunhou o nascimento da segurança informática, uma vez que a proliferação de computadores nos sectores governamental e empresarial suscitou preocupações quanto ao acesso não autorizado e às violações de dados. O desenvolvimento dos primeiros vírus informáticos, como o vírus Creeper em 1971, marcou o início da cibersegurança como um domínio distinto.

2.3. Ascensão do sector da cibersegurança

A década de 1980 assistiu ao aparecimento da indústria da cibersegurança com o desenvolvimento dos primeiros programas antivírus. O worm Morris de 1988, um dos primeiros worms da Internet, pôs em evidência a vulnerabilidade dos sistemas informáticos interligados. Este incidente estimulou a criação da Equipa de Resposta a Emergências Informáticas (CERT) na Universidade Carnegie Mellon.

2.4. A era da Internet e o boom das empresas de pontocom

A década de 1990 trouxe a comercialização da Internet, conduzindo ao boom das dot-com. Com o aumento da conetividade surgiram novas ameaças, incluindo o famoso vírus ILOVEYOU em 2000. Este período assistiu ao estabelecimento de normas e protocolos de cibersegurança, como a série ISO/IEC 27000.

2.5. Guerra cibernética e ataques patrocinados pelo Estado

O século XXI assistiu a uma mudança para a guerra cibernética, com a prevalência de ataques patrocinados pelo Estado. O worm Stuxnet de 2010, concebido para atingir o programa nuclear do Irão, marcou uma nova era no ciberconflito. As nações começaram a reconhecer a importância de desenvolver capacidades cibernéticas ofensivas e defensivas.

2.6. A Era das Ameaças Persistentes Avançadas (APTs)

O aumento das APT, ciberataques sofisticados e direccionados, frequentemente associados a Estados-nação, tornou-se uma caraterística proeminente da cibersegurança na década de 2010. Entre os incidentes notáveis contam-se a pirataria informática da Sony Pictures em 2014 e o ataque de ransomware WannaCry em 2017, ambos com implicações geopolíticas significativas.

2.7.   Desafios contemporâneos: IoT, IA e computação quântica

No panorama atual, a proliferação de dispositivos da Internet das Coisas (IoT), os avanços da inteligência artificial (IA) e a era iminente da computação quântica colocam novos desafios à cibersegurança. A proteção destas tecnologias exige abordagens inovadoras e colaboração internacional.

III. Incidentes cibernéticos internacionais: Respostas diplomáticas e implicações

3.1. Stuxnet e a escalada das armas cibernéticas

O incidente Stuxnet, atribuído a uma operação conjunta dos EUA e de Israel, demonstrou o potencial das armas cibernéticas para perturbar infra-estruturas críticas. As consequências diplomáticas e a falta de normas claras para a guerra cibernética levantaram questões sobre as regras que regem o comportamento dos Estados no ciberespaço.

3.2. Hacking do DNC e interferência eleitoral

A pirataria informática dos servidores do Comité Nacional Democrata (DNC) durante aseleições presidenciais norte-americanas de 2016 sublinhou a intersecção entre a cibersegurança e a geopolítica. A subsequente atribuição da responsabilidade a actores estatais russos afectou as relações diplomáticas e conduziu a sanções.

3.3. NotPetya e os desafios da atribuição

O ataque de ransomware NotPetya em 2017, que inicialmente se acreditava ser um ato criminoso, foi mais tarde atribuído aos serviços secretos militares russos. Este incidente pôs em evidência a dificuldade de atribuir com exatidão os ciberataques e os desafios na elaboração de respostas diplomáticas adequadas.

3.4. SolarWinds e ataques à cadeia de suprimentos

O ciberataque da SolarWinds em 2020, atribuído a piratas informáticos russos, expôs vulnerabilidades na cadeia de fornecimento de software. O incidente teve implicações generalizadas, afectando numerosas agências governamentais e organizações privadas.

A resposta diplomática centrou-se na imposição de sanções e expulsões diplomáticas.

3.5. Espionagem cibernética da China e impacto económico

As persistentes campanhas de ciberespionagem da China, que visam a propriedade intelectual e as informações sensíveis de vários países, têm vindo a afetar as relações internacionais. O impacto económico de tais actividades levou a apelos a medidas diplomáticas mais fortes e a esforços de colaboração para fazer face às ciberameaças patrocinadas pelo Estado.

3.6. Quadros de resposta e cooperação internacional

Face à escalada das ciberameaças, as nações têm procurado estabelecer quadros de resposta e reforçar a cooperação internacional. Iniciativas como o Manual de Tallinn e o Apelo de Paris para a Confiança e Segurança no Ciberespaço visam estabelecer normas e promover o comportamento responsável dos Estados no ciberespaço.

Actores-chave no ciberespaço

I. Introdução

O ciberespaço, um termo cunhado para descrever o domínio digital interligado, tornou-se uma componente integral da geopolítica moderna. Engloba o ambiente virtual em que a comunicação, as transacções e as interacções têm lugar através da Internet. A importância crescente do ciberespaço na geopolítica contemporânea é evidente no seu impacto na segurança nacional, na estabilidade económica e na influência política. Este artigo explora o papel dos principais actores no ciberespaço, incluindo os Estados-nação, os actores não estatais e as empresas multinacionais.

II. Estados-nação no ciberespaço
A. O papel dos Estados-nação
Medidas de defesa

Em resposta às crescentes ameaças no ciberespaço, os Estados-nação tomaram medidas significativas para desenvolver medidas defensivas. As estratégias nacionais de cibersegurança definem planos abrangentes para salvaguardar as infra-estruturas críticas, as informações sensíveis e a privacidade dos cidadãos. Estas estratégias envolvem a criação de capacidades de ciberdefesa específicas e de agências encarregadas de monitorizar, detetar e responder às ciberameaças.

Desenvolvimento de estratégias nacionais de cibersegurança

Os Estados-nação reconhecem a necessidade de uma abordagem proactiva da cibersegurança. As estratégias nacionais de cibersegurança englobam uma série de políticas e iniciativas destinadas a reforçar as defesas digitais. Estas estratégias envolvem frequentemente a colaboração com o sector privado, parceiros internacionais e peritos em cibersegurança para melhorar a partilha de informações e a defesa colectiva contra as ciberameaças.

Criação de capacidades e agências de ciberdefesa

Para combater eficazmente as ciberameaças, os Estados-nação criam capacidades e agências de ciberdefesa. Estas entidades estão equipadas com tecnologias avançadas e pessoal qualificado para detetar e atenuar os ciberataques. Desempenham um papel crucial na segurança das redes governamentais, das infra-estruturas críticas e do panorama cibernético geral.

B. Operações ofensivas
Ciberespionagem e recolha de informações

Os Estados-nação utilizam o ciberespaço para a recolha de informações através da ciberespionagem. Esta consiste em infiltrar-se nas redes de outras nações ou entidades não estatais para aceder a informações sensíveis. A ciberespionagem é uma ferramenta poderosa para compreender as intenções e capacidades de potenciais adversários, contribuindo para a vantagem estratégica de uma nação.

Utilização de ciberarmas para fins ofensivos

Alguns Estados-nação desenvolvem e utilizam armas cibernéticas para fins ofensivos. Estas armas podem perturbar ou desativar os sistemas de informação dos adversários, proporcionando um meio não cinético de atingir objectivos estratégicos. As armas cibernéticas vão desde o malware e o ransomware até ferramentas sofisticadas capazes de causar danos significativos a infra-estruturas e sistemas.

B. Motivações e estratégias

Motivações políticas

As actividades cibernéticas são frequentemente motivadas por razões políticas. Os Estados-nação envolvem-se em espionagem para recolher informações políticas, obtendo informações sobre os processos de tomada de decisão de outros governos. As operações de influência e a guerra de informação são tácticas utilizadas para moldar a opinião pública, desestabilizar governos ou influenciar acontecimentos geopolíticos a favor do agressor.

Motivações económicas

O roubo de propriedade intelectual é uma ameaça cibernética predominante com implicações económicas significativas. Os Estados-nação envolvem-se em actividades cibernéticas para roubar informação proprietária, investigação e tecnologia de outros países ou empresas. A sabotagem para obter vantagens económicas implica perturbar as operações dos concorrentes ou minar a sua estabilidade económica através de meios cibernéticos.

Motivações militares e estratégicas

A integração das capacidades cibernéticas nas doutrinas militares é um aspeto fundamental da guerra moderna. Os Estados-nação reconhecem a importância das ciberoperações para atingir objectivos militares. As capacidades cibernéticas contribuem para as estratégias de dissuasão, dissuadindo potenciais adversários ao demonstrarem a capacidade de uma nação para responder eficazmente no domínio cibernético.

III. Actores não estatais no ciberespaço

A. Hacktivistas

Motivações e objectivos

Os hacktivistas, que misturam os termos "hacking" e "ativismo", são movidos por motivações políticas. Os seus objectivos giram frequentemente em torno da promoção de mudanças sociais ou políticas através de acções perturbadoras em linha. Compreender as motivações subjacentes ao hacktivismo implica uma exploração do ativismo político no domínio digital.

Exemplos de campanhas hacktivistas

Campanhas hacktivistas notáveis, como as de grupos como os Anonymous, têm como alvo entidades que consideram estar a suprimir informação ou a agir contra a sua posição ideológica. A análise de campanhas históricas fornece informações sobre as diversas estratégias utilizadas pelos hacktivistas.

Impacto nas relações internacionais

As acções dos hacktivistas podem repercutir-se na arena internacional, influenciando as relações diplomáticas e a segurança nacional. Analisar os casos em que o hacktivismo se cruzou com a geopolítica esclarece as consequências de longo alcance destas actividades.

Influência na opinião pública e no discurso político

A capacidade dos hacktivistas para moldar a opinião pública e influenciar o discurso político é um aspeto fundamental. A análise de estudos de casos em que as campanhas de hacktivismo obtiveram apoio público ou reacções negativas elucida a dinâmica entre o ativismo em linha e as perspectivas sociais.

Desafios jurídicos para lidar com acções de hacktivistas

Os quadros jurídicos que rodeiam o hacktivismo são complexos, com desafios em matéria de atribuição e jurisdição. A investigação das dificuldades que as autoridades enfrentam para processar os hacktivistas levanta questões sobre a adequação dos actuais instrumentos jurídicos.

B. Cibercriminosos

Motivações económicas

Ao contrário dos hacktivistas, os cibercriminosos são motivados principalmente por ganhos financeiros. Compreender os incentivos económicos que impulsionam o cibercrime é crucial para desenvolver contramedidas eficazes.

Cibercrime com motivação financeira

O espetro de cibercrimes com motivação financeira, incluindo ataques de ransomware e fraudes financeiras, ilustra as diversas tácticas utilizadas pelos cibercriminosos para explorar vulnerabilidades para obter benefícios monetários.

O papel da Dark Web na cibercriminalidade

A dark web é um terreno fértil para as actividades cibercriminosas. Explorar a natureza clandestina da dark web e o seu papel na facilitação da cibercriminalidade revela os desafios na monitorização e no combate a estas actividades ilícitas.

Implicações globais

A cibercriminalidade ultrapassa as fronteiras nacionais, constituindo uma ameaça global. A análise das implicações globais das actividades cibercriminosas realça a necessidade de cooperação internacional no combate a esta ameaça.

Desafios da cooperação internacional contra os cibercriminosos

Os esforços de colaboração contra a cibercriminalidade enfrentam obstáculos como a existência de sistemas jurídicos diferentes e tensões geopolíticas. A avaliação dos desafios da cooperação internacional permite identificar potenciais vias de melhoria.

IV. As empresas multinacionais no ciberespaço
A. Contribuições das empresas para os desafios da cibersegurança
Preocupações com a segurança dos dados

As empresas multinacionais debatem-se com a proteção de grandes quantidades de dados sensíveis. A exploração dos desafios associados à segurança dos dados esclarece a natureza evolutiva das ciberameaças contra as empresas.

Espionagem empresarial e violações de dados

O panorama da cibersegurança empresarial está repleto de riscos, incluindo a espionagem empresarial e as violações de dados. A análise de estudos de casos realça as potenciais ramificações para as empresas e para a economia global.

Vulnerabilidades da cadeia de abastecimento

As cadeias de abastecimento globais introduzem vulnerabilidades que podem ser exploradas por actores maliciosos. A análise do impacto das vulnerabilidades da cadeia de abastecimento na cibersegurança realça a necessidade de estratégias sólidas de gestão do risco.

B. Estratégias de atenuação das empresas
Investimentos em cibersegurança

A afetação de recursos e de orçamento à cibersegurança é fundamental para as empresas. Examinar a importância dos orçamentos para a cibersegurança e o desenvolvimento de capacidades internas fornece informações sobre estratégias de atenuação eficazes.

Desenvolvimento de capacidades internas de cibersegurança

À medida que as ameaças cibernéticas evoluem, as empresas estão a investir cada vez mais no desenvolvimento de competências internas em cibersegurança. A avaliação das vantagens e desafios das capacidades internas contribui para uma compreensão abrangente das estratégias de cibersegurança das empresas.

Parcerias Público-Privadas

A colaboração entre governos e empresas é imperativa para reforçar as defesas de cibersegurança. A análise das parcerias público-privadas e a partilha de informações sobre ameaças revelam as potenciais sinergias nos mecanismos de defesa colectiva.

Cibersegurança e conflitos internacionais

I. Introdução
A. Definição de guerra cibernética
No século XXI, a natureza da guerra evoluiu para abranger campos de batalha digitais, dando origem ao termo "guerra cibernética". A guerra cibernética envolve a utilização de tecnologia para efetuar ataques à infraestrutura digital de nações, organizações ou indivíduos. Ao contrário da guerra tradicional, opera no domínio virtual, explorando vulnerabilidades em sistemas informáticos, redes e sistemas de informação.

B. Importância da cibersegurança nas relações internacionais
A crescente interconexão da comunidade mundial fez da cibersegurança uma preocupação fundamental nas relações internacionais. A dependência das tecnologias digitais para a comunicação, o comércio e as infra-estruturas críticas ampliou o potencial impacto das ciberameaças. Consequentemente, a proteção de informações sensíveis e a resiliência dos sistemas digitais tornaram-se fundamentais para a estabilidade e a segurança das nações em todo o mundo.

C. Declaração de tese
Este ensaio explora o conceito de guerra cibernética, as suas várias componentes e as profundas implicações que tem para as relações internacionais. Ao examinar as definições, tácticas e consequências da ciberguerra, podemos ter uma ideia do seu impacto na segurança nacional, na dinâmica do poder, na estabilidade económica e no potencial de escalada dos conflitos globais.

II. Guerra cibernética: Conceito e implicações
A. Definição e componentes da guerra cibernética
Espionagem cibernética

A ciberespionagem envolve a recolha secreta de informações sensíveis de entidades governamentais, militares ou empresariais através do acesso não autorizado a sistemas informáticos. Os estados-nação, as agências de informação e as organizações cibercriminosas praticam a ciberespionagem para obter vantagens estratégicas, económicas ou políticas. O anonimato e a sofisticação da ciberespionagem dificultam a atribuição, conduzindo a um cenário obscuro de recolha de informações digitais.

Sabotagem cibernética

A cibersabotagem implica acções deliberadas para perturbar ou danificar o funcionamento de infra-estruturas críticas, como redes eléctricas, sistemas de transporte ou redes de comunicação. Esta forma de guerra cibernética tem como objetivo paralisar as capacidades de uma nação, visando serviços essenciais. O worm Stuxnet, por exemplo, demonstrou o potencial da sabotagem cibernética ao visar especificamente as instalações nucleares do Irão, causando danos físicos nas suas centrifugadoras.

Ciberterrorismo

O ciberterrorismo consiste na utilização de meios digitais para criar medo, pânico ou caos numa população. Enquanto o terrorismo tradicional se baseia na violência física, o ciberterrorismo explora as vulnerabilidades dos sistemas de informação para conseguir efeitos perturbadores semelhantes. Um exemplo é um ataque distribuído de negação de serviço (DDoS) a instituições financeiras, que pode paralisar os serviços em linha e incutir medo no público.

B. Implicações para as relações internacionais
Impacto na segurança nacional

A natureza interligada do ciberespaço significa que um ciberataque a uma nação pode ter efeitos em cascata a nível mundial. O comprometimento da segurança nacional através da ciberespionagem ou da sabotagem constitui uma ameaça significativa. O desafio reside não só na prevenção desses ataques, mas também na sua correcta atribuição, uma vez que o panorama digital permite mascarar identidades e intenções.

Mudanças na dinâmica do poder

As capacidades cibernéticas tornaram-se uma nova dimensão do poder nas relações internacionais. As nações com capacidades cibernéticas avançadas podem exercer uma influência significativa, desafiando as estruturas de poder tradicionais. As proezas cibernéticas podem nivelar o campo de ação das nações mais pequenas, permitindo-lhes atingir assimetricamente adversários mais importantes no domínio digital. Esta mudança introduz novas dinâmicas que redefinem as estratégias e alianças geopolíticas.

Consequências económicas

As repercussões económicas da guerra cibernética são profundas. Os ataques a instituições financeiras, o roubo de propriedade intelectual ou as perturbações nas cadeias de abastecimento podem conduzir a recessões económicas. A interconexão da economia global significa que um ataque cibernético a uma nação pode ter um efeito dominó, afectando os mercados, o comércio e os investimentos em todo o mundo. A necessidade de medidas sólidas de cibersegurança tornou-se parte integrante da estabilidade e do crescimento económico.

Potencial de agravamento

Os ciberconflitos têm uma caraterística única - a possibilidade de uma escalada rápida. O desafio da atribuição, juntamente com a rapidez e o anonimato dos ciberataques, cria um ambiente em que a retaliação pode ser rápida e severa. A escalada no domínio cibernético pode alastrar aos conflitos militares tradicionais, tornando imperativo que as nações desenvolvam estratégias claras de dissuasão e resposta cibernética.

III. Estudos de casos de conflitos cibernéticos
A. Stuxnet: O programa nuclear iraniano
1. Antecedentes e objectivos

O Stuxnet, descoberto em 2010, era um sofisticado worm informático concebido para atingir sistemas de controlo de supervisão e aquisição de dados (SCADA). O seu principal objetivo era perturbar o programa nuclear do Irão, visando especificamente a instalação de enriquecimento de urânio em Natanz. O Stuxnet marcou uma nova era na guerra cibernética, uma vez que demonstrou a capacidade de danificar fisicamente infra-estruturas críticas através de meios digitais.

O worm foi desenvolvido com um elevado nível de especialização, o que indica o envolvimento do Estado. Explorou vulnerabilidades de dia zero no Microsoft Windows e no software da Siemens, permitindo-lhe infiltrar-se nos sistemas sem ser detectado. A complexidade do Stuxnet sugere um ator bem financiado e estrategicamente motivado.

2. Resposta internacional

A descoberta do Stuxnet despoletou preocupações a nível mundial sobre a militarização do ciberespaço. Embora se suspeitasse que os Estados Unidos e Israel estivessem por detrás do ataque, ambos os países não confirmaram nem negaram o seu envolvimento. A falta de responsabilização realçou as dificuldades em atribuir os ciberataques a actores específicos.

A comunidade internacional debateu-se com as implicações de uma arma digital que causa destruição física. As discussões sobre normas e regras para os ciberconflitos ganharam força, mas o consenso permaneceu difícil. O Stuxnet sublinhou a necessidade de um quadro que pudesse fazer face à crescente sofisticação dos ciberataques.

B. NotPetya: ataque cibernético patrocinado pelo Estado
1. Objectivos e motivações

O NotPetya, um surto de malware destrutivo em 2017, foi inicialmente disfarçado como um ataque de ransomware. No entanto, rapidamente se tornou evidente que o seu principal objetivo era causar uma perturbação generalizada, visando sobretudo a Ucrânia. O malware espalhou-se rapidamente a nível mundial, afectando organizações de vários sectores.

Atribuído a actores russos patrocinados pelo Estado, o NotPetya tinha como objetivo desestabilizar a Ucrânia, visando as suas infra-estruturas críticas. O ataque demonstrou o potencial das operações cibernéticas para atingir objectivos geopolíticos para além da guerra tradicional. A utilização de ransomware como disfarce realçou a evolução das tácticas dos ciberataques patrocinados pelo Estado.

2. Queda global

O impacto global do NotPetya foi além da Ucrânia, afectando grandes empresas multinacionais. O incidente levantou questões sobre os danos colaterais causados por ciberataques patrocinados pelo Estado e sobre o papel dos intervenientes não estatais nos ciberconflitos. A falta de contramedidas eficazes evidenciou a vulnerabilidade de nações tecnologicamente avançadas a este tipo de ataques.

A resposta internacional ao NotPetya sublinhou a necessidade de mecanismos de defesa colectiva e de melhores práticas de cibersegurança. Também alimentou o debate sobre o papel das entidades do sector privado no reforço da ciber-resiliência, uma vez que estas se tornam frequentemente alvos não intencionais em ciberconflitos patrocinados pelo Estado.

C. Espionagem cibernética da SolarWinds
1. Detalhes da violação
Em 2020, o ataque à cadeia de fornecimento da SolarWinds veio a lume, revelando um comprometimento generalizado do software utilizado por várias agências governamentais e empresas privadas. Os atacantes, suspeitos de serem de origem russa, inseriram um código malicioso nas actualizações de software da plataforma Orion da SolarWinds, permitindo-lhes o acesso não autorizado a várias redes.

A violação demonstrou o potencial de ciberespionagem a uma escala sem precedentes. Os atacantes visaram instituições governamentais e empresas sensíveis, salientando a vulnerabilidade da cadeia de abastecimento global a ciberameaças sofisticadas.

2. Implicações para as relações internacionais
O incidente com a SolarWinds afectou as relações diplomáticas, levando os Estados Unidos e os seus aliados a condenar a campanha de ciberespionagem. A falta de mecanismos sólidos para responder a este tipo de ataques suscitou preocupações quanto à eficácia dos quadros internacionais existentes.

O incidente sublinhou a importância da transparência e da partilha de informações face às ciberameaças. Sublinhou também a necessidade de normas internacionais mais fortes para reger o comportamento dos Estados no ciberespaço.

IV. Dissuasão no ciberespaço: Desafios
A. Teorias tradicionais de dissuasão
1. Dissuasão nuclear
As teorias tradicionais de dissuasão, com raízes na era nuclear, baseavam-se nos conceitos de dissuasão por ameaça de retaliação. A ideia era que o receio de uma reação devastadora dissuadiria os adversários de iniciarem um ataque.

2. Dissuasão pela negação
A dissuasão pela negação centra-se em impedir que os adversários atinjam os seus objectivos, reforçando as defesas e tornando um ataque impraticável ou infrutífero. Isto implica investimentos em medidas de cibersegurança para proteger as infra-estruturas críticas e as informações sensíveis.

3. Dissuasão pela punição

A dissuasão por punição baseia-se na ameaça de consequências graves ou de medidas punitivas para desencorajar os adversários de se envolverem em actividades maliciosas. Esta abordagem parte do princípio de que os custos potenciais são superiores aos benefícios percebidos.

B. Desafios na aplicação da dissuasão tradicional ao ciberespaço
1. Questões de atribuição

Um dos principais desafios da dissuasão no ciberespaço é a dificuldade de atribuir com precisão os ataques a actores específicos. As técnicas de anonimato e ofuscação utilizadas pelos ciberadversários tornam difícil identificar com certeza as partes responsáveis.

2. Falta de linhas vermelhas claras

O estabelecimento de linhas vermelhas claras no ciberespaço - definindo o que constitui um comportamento inaceitável e o limiar para uma resposta - é complexo. Ao contrário da guerra tradicional, onde as fronteiras são mais definidas, o ciberespaço opera num domínio nebuloso com uma multiplicidade de actores e motivações.

3. Dificuldade em medir os danos

A quantificação dos danos causados por um ciberataque é muitas vezes subjectiva e depende de vários factores. Ao contrário da destruição visível nos conflitos tradicionais, o impacto de uma operação cibernética pode não ser imediatamente visível, o que torna difícil determinar uma resposta adequada.

C. Estratégias em evolução para a ciberdissuasão
1. Ciberdefesa ativa

A ciberdefesa ativa envolve a deteção proactiva, a perturbação e a resposta a ciberameaças em tempo real. Esta estratégia tem como objetivo minimizar o impacto dos ataques, neutralizando rapidamente as ameaças antes que estas causem danos significativos.

2. Cooperação e normas internacionais

O reforço da cooperação internacional é crucial para o desenvolvimento de normas e regras de comportamento no ciberespaço. O estabelecimento de um consenso sobre a conduta aceitável e as consequências das infracções pode contribuir para um ambiente digital mais estável e seguro.

V. Tendências futuras e recomendações
A. Tecnologias emergentes e ameaças

O futuro dos conflitos cibernéticos será provavelmente moldado por tecnologias emergentes como a inteligência artificial (IA), a computação quântica e a Internet das Coisas (IoT). Estes avanços apresentam tanto oportunidades como desafios, uma vez que podem ser explorados por agentes maliciosos para lançar ciberataques mais sofisticados e potentes.

B. Necessidade de colaboração internacional

À medida que as ciberameaças se tornam cada vez mais transnacionais, as respostas eficazes necessitam de colaboração internacional. O desenvolvimento de um quadro coeso para a partilha de informações sobre ameaças, a coordenação de respostas e o estabelecimento de normas é crucial. Os Estados devem trabalhar em conjunto para dissuadir os agentes maliciosos e responsabilizá-los pelas suas acções no ciberespaço.

C. Recomendações políticas para os Estados

Investimento em cibersegurança: Os governos devem dar prioridade a investimentos substanciais no reforço das suas infra-estruturas de cibersegurança, incluindo a investigação e o desenvolvimento de medidas defensivas avançadas.

Acordos internacionais: Os Estados devem participar ativamente e defender acordos internacionais que definam o comportamento aceitável no ciberespaço. Estes acordos devem incluir mecanismos de atribuição e consequências para o não cumprimento.

Parcerias público-privadas: A colaboração entre os governos e o sector privado é essencial para uma cibersegurança abrangente. O envolvimento das empresas na partilha de informações, nas melhores práticas e em exercícios conjuntos pode melhorar a resiliência global.

Reforço das capacidades: O desenvolvimento da força de trabalho em matéria de cibersegurança é crucial. Os Estados devem investir em programas de educação e formação para criar uma mão de obra qualificada capaz de fazer face à evolução das ciberameaças.

Normas para um comportamento responsável do Estado: Os governos devem trabalhar no sentido de estabelecer normas claras para o comportamento responsável dos Estados no ciberespaço. Isto inclui definir linhas vermelhas, delinear condutas aceitáveis e estabelecer consequências para a violação destas normas.

Governação e cooperação internacional

I. Introdução

A. Breve panorâmica da importância da cooperação internacional para enfrentar os desafios da cibersegurança

Numa era dominada pelas tecnologias digitais e pelos sistemas interligados, a importância da cooperação internacional na resposta aos desafios da cibersegurança não pode ser sobrestimada. À medida que o mundo se torna mais dependente do digital, as vulnerabilidades às ciberameaças aumentam exponencialmente. Os agentes maliciosos, desde hackers patrocinados pelo Estado a organizações de cibercriminosos, exploram estas vulnerabilidades, colocando riscos significativos à segurança nacional, à estabilidade económica e à privacidade individual. Esta secção apresenta uma panorâmica concisa da importância crescente da colaboração internacional para combater eficazmente as ciberameaças.

B. Declaração de objetivo e âmbito do documento

O principal objetivo deste documento é analisar e avaliar o papel das organizações internacionais, com destaque para a Organização das Nações Unidas (ONU), a Organização do Tratado do Atlântico Norte (NATO) e outras entidades relevantes, na abordagem dos desafios da cibersegurança. O âmbito abrange um exame abrangente das iniciativas, programas, sucessos e limitações destas organizações, bem como os esforços de colaboração e os desafios enfrentados na procura global da cibersegurança.

II. Organizações internacionais e desafios em matéria de cibersegurança

A. Nações Unidas (ONU)

Panorama do papel da ONU na abordagem das questões de cibersegurança

As Nações Unidas, enquanto fórum mundial de diplomacia e cooperação, desempenham um papel crucial na abordagem dos desafios da cibersegurança. Esta secção apresentará uma panorâmica aprofundada do envolvimento da ONU no estabelecimento de normas, na promoção de um comportamento responsável dos Estados no ciberespaço e na promoção da cooperação internacional para melhorar o panorama geral da cibersegurança.

Iniciativas e programas da ONU relacionados com a cibersegurança

A análise de iniciativas e programas específicos levados a cabo pelas Nações Unidas, como o Grupo de Peritos Governamentais (GGE) sobre os desenvolvimentos no domínio da informação e das telecomunicações no contexto da segurança internacional, esclarecerá os esforços da organização para criar um quadro para um comportamento responsável dos Estados no ciberespaço.

Êxitos e limitações da ONU na abordagem dos desafios da cibersegurança

Esta subsecção avaliará de forma crítica os êxitos e as limitações da ONU na abordagem eficaz dos desafios da cibersegurança. Analisará as realizações, as áreas a melhorar e o impacto global das iniciativas da ONU no panorama mundial da cibersegurança.

B. Organização do Tratado do Atlântico Norte (NATO)
A abordagem da NATO à cibersegurança
Enquanto aliança militar, a OTAN reconheceu a natureza evolutiva das ameaças à segurança, incluindo as do ciberespaço. Esta secção irá explorar a abordagem da OTAN à cibersegurança, realçando o papel da organização tanto na defesa como na dissuasão.

Iniciativas de cibersegurança no âmbito da NATO
O destaque de iniciativas específicas de cibersegurança no seio da NATO, como a criação do Centro de Operações Cibernéticas, fornecerá informações sobre os esforços da organização para reforçar as suas capacidades cibernéticas e responder eficazmente às ciberameaças.

Contribuições da NATO para enfrentar as ciberameaças
A análise das contribuições tangíveis da OTAN para lidar com as ciberameaças, incluindo os esforços de colaboração com os Estados membros e as parcerias com outras organizações internacionais, sublinhará o impacto da organização na cibersegurança mundial.

C. Outras organizações internacionais
Breve descrição de outras organizações e das suas funções (por exemplo, Interpol, UIT)
Esta secção apresenta uma breve panorâmica dos papéis desempenhados por outras organizações internacionais, como a Interpol e a União Internacional das Telecomunicações (UIT), na resposta aos desafios da cibersegurança. Serão destacadas as contribuições e responsabilidades únicas de cada organização.

Esforços de colaboração entre várias organizações internacionais
A análise dos esforços de colaboração entre organizações internacionais demonstrará a importância de uma ação coordenada para enfrentar a natureza transnacional das ciberameaças. Serão explorados estudos de casos e exemplos de colaborações bem sucedidas.

Desafios enfrentados pelas organizações internacionais na abordagem da cibersegurança
Apesar dos seus esforços, as organizações internacionais enfrentam numerosos desafios para resolver eficazmente as questões de cibersegurança. A presente secção analisará os obstáculos e as complexidades, incluindo os desafios jurídicos, políticos e tecnológicos, que dificultam a capacidade destas organizações para responderem de forma abrangente ao cenário dinâmico das ciberameaças.

III.   Acordos bilaterais e multilaterais sobre cibersegurança

A. Panorama dos acordos bilaterais

Definição e exemplos de acordos bilaterais de cibersegurança

Os acordos bilaterais de cibersegurança são pactos formais entre dois países para colaborar em vários aspectos da cibersegurança. Estes acordos podem abranger a partilha de informações, a resposta conjunta a ciberameaças e o desenvolvimento de normas comuns de cibersegurança. Os exemplos incluem o Acordo Cibernético entre os EUA e a China (2015) e o Programa de Cooperação em matéria de Cibersegurança entre a Austrália e Singapura.

Elementos-chave de acordos bilaterais bem sucedidos Os acordos bilaterais bem sucedidos incluem frequentemente

a. Protocolos de partilha de informações: Mecanismos claramente definidos para a partilha de informações sobre ameaças em tempo real.

b. Coordenação da resposta a incidentes: Quadros para respostas coordenadas a incidentes cibernéticos que afectem ambas as nações.

c. Reforço das capacidades: Assistência mútua no reforço das capacidades de cibersegurança de cada uma das p a r t e s através de formação e transferência de tecnologia.

d. Respeito pela soberania: Reconhecimento e respeito pela soberania de cada país no ciberespaço.

B. Panorama dos Acordos Multilaterais

Definição e exemplos de acordos multilaterais de cibersegurança

Os acordos multilaterais de cibersegurança envolvem a participação de várias nações e organizações internacionais. Exemplos disso são a Convenção de Budapeste sobre o Cibercrime e a Rede de Peritos em Cibersegurança do G7 24/7.

Vantagens e desafios das abordagens multilaterais
Vantagens:

a. Soluções abrangentes: Os acordos multilaterais permitem uma abordagem mais holística da cibersegurança, abordando coletivamente os desafios globais.

b. Reunir recursos: As nações podem reunir recursos e conhecimentos especializados, melhorando a infraestrutura global de cibersegurança.

c. Desenvolvimento de normas: Os acordos multilaterais contribuem para o desenvolvimento de normas e padrões internacionais no ciberespaço.

Desafios:

a. Interesses nacionais divergentes: Equilibrar os diversos interesses das nações participantes pode ser um desafio.

b. Complexidade da coordenação: A coordenação de acções entre várias partes com capacidades e prioridades diferentes é complexa.

    c. Problemas de aplicação : Garantir o cumprimento e os mecanismos de execução pode ser difícil.

IV. Análise dos acordos existentes

A. Estudo de caso 1: Acordo cibernético entre os EUA e a China (2015)

Análise pormenorizada do acordo

O acordo cibernético entre os EUA e a China tinha por objetivo abordar as questões relacionadas com a ciberespionagem. Ambas as nações concordaram em não conduzir ou apoiar o roubo de propriedade intelectual através do ciberespaço. O acordo incluía também o compromisso de dar respostas atempadas a pedidos de informação sobre investigações de cibercrime.

Eficácia na resposta aos desafios da cibersegurança

O acordo constituiu um passo significativo na atenuação dos problemas de ciberespionagem entre os EUA e a China. No entanto, relatórios subsequentes indicaram desafios na aplicação, com acusações de actividades cibernéticas contínuas. A eficácia foi prejudicada pela dificuldade em atribuir actividades cibernéticas a intervenientes específicos e pela falta de um mecanismo de aplicação sólido.

Lições aprendidas e potenciais melhorias

O acordo cibernético entre os EUA e a China sublinhou a importância de mecanismos de atribuição claros e de disposições de aplicação sólidas. Os futuros acordos devem centrar-se no reforço dos processos de verificação e incluir consequências em caso de incumprimento para aumentar a sua eficácia.

B. Estudo de caso 2: Convenção de Budapeste sobre o Cibercrime

Análise pormenorizada do acordo

A Convenção de Budapeste, adoptada pelo Conselho da Europa, é um tratado abrangente que aborda a cibercriminalidade. Estabelece definições comuns, fornece directrizes para a legislação nacional e facilita a cooperação internacional na investigação e repressão dos cibercrimes.

Avaliação do seu impacto na cibersegurança internacional

A Convenção de Budapeste desempenhou um papel crucial na promoção da colaboração internacional contra a cibercriminalidade. Facilitou a partilha de informações, as investigações conjuntas e os processos de extradição, contribuindo para a luta global contra as ciberameaças.

Sucessos e insuficiências

Sucessos:

    a. Cooperação internacional : A convenção promoveu a colaboração entre os países signatários no combate à cibercriminalidade.

b. Quadro jurídico comum: Criou um quadro jurídico comum, contribuindo para a harmonização das leis relacionadas com a cibercriminalidade.

Deficiências:

a. Adoção global: Nem todos os países adoptaram a convenção, o que limita a sua eficácia à escala mundial

b. Evolução das ciberameaças: A convenção pode necessitar de actualizações periódicas para abordar eficazmente as ciberameaças e tecnologias emergentes.

V. Desafios da cooperação internacional

1. Desafios legais e regulamentares

A. Disparidades na regulamentação nacional em matéria de cibersegurança

Cenário regulamentar complexo: A existência de disparidades nas regulamentações nacionais sobre cibersegurança representa um desafio significativo para a cooperação internacional. Os países têm frequentemente normas, definições e mecanismos de aplicação diferentes, o que gera confusão e dificulta os esforços de colaboração.

Falta de harmonização: A ausência de harmonização das leis de cibersegurança cria obstáculos à partilha de informações e à resposta conjunta às ciberameaças. Colmatar as lacunas entre os regulamentos nacionais é essencial para a construção de um quadro global coeso de cibersegurança.

B. Questões de jurisdição no ciberespaço

Natureza transfronteiriça das ciberameaças: As ciberameaças ultrapassam frequentemente as fronteiras nacionais, tornando difícil determinar a jurisdição. Esta ambiguidade prejudica a capacidade de atribuir e responder eficazmente aos ciberataques.

Preocupações com a extraterritorialidade: As nações podem hesitar em cooperar se temerem que os esforços de colaboração possam infringir a sua soberania ou levar a consequências legais extraterritoriais. A resolução de questões de jurisdição é imperativa para promover a colaboração internacional no domínio da cibersegurança.

2. Desafios técnicos

A. Os rápidos avanços tecnológicos e o seu impacto na cooperação internacional

Ritmo da inovação: A rápida evolução da tecnologia coloca desafios à cooperação internacional no domínio da cibersegurança. A natureza dinâmica das ciberameaças exige uma adaptação constante, o que torna difícil para as nações acompanharem os últimos avanços.

Questões de compatibilidade: As infra-estruturas e capacidades tecnológicas divergentes entre as nações podem impedir uma colaboração efectiva. Garantir a compatibilidade e a interoperabilidade das medidas de cibersegurança é crucial para uma frente unida contra as ciberameaças.

B. Desafios da partilha de informações

Défice de confiança: A partilha de informações é muitas vezes dificultada por uma falta de confiança entre as nações. As preocupações com a privacidade dos dados, a má utilização da informação partilhada ou as potenciais fugas de informação podem criar barreiras a uma colaboração eficaz.

Barreiras técnicas: A incompatibilidade das plataformas e tecnologias de partilha de informações pode impedir o intercâmbio atempado de informações sobre ciberameaças críticas. O desenvolvimento de protocolos normalizados para a partilha de informações é essencial para ultrapassar estes desafios técnicos.

3. Desafios políticos e geopolíticos

A. Diferenças nos interesses nacionais

Prioridades de segurança nacional: A diversidade de prioridades de segurança nacional entre os países pode resultar em interesses contraditórios, limitando a vontade de cooperar no domínio da cibersegurança. O alinhamento destes interesses é essencial para promover uma colaboração efectiva.

Considerações económicas: As nações podem dar prioridade aos interesses económicos em detrimento da cooperação em matéria de cibersegurança, receando potenciais impactos nas indústrias e no comércio. Equilibrar as considerações económicas com a necessidade de medidas sólidas de cibersegurança é uma tarefa delicada.

B. Tensões geopolíticas que afectam a cooperação em matéria de cibersegurança

Conflitos históricos: As tensões históricas e as rivalidades geopolíticas podem transbordar para o domínio da cibersegurança, dificultando a comunicação e a colaboração abertas. A resolução de conflitos geopolíticos é crucial para a construção de uma defesa colectiva contra as ciberameaças.

Nacionalismo e cibersegurança: O aumento do nacionalismo pode levar a uma relutância em partilhar informações sensíveis ou em coordenar as respostas às ciberameaças. Ultrapassar as tendências nacionalistas é vital para o sucesso das iniciativas internacionais de cibersegurança.

VI. Recomendações para melhorar a cooperação internacional

A. Reforço das organizações internacionais

Reforçar o papel da ONU e de outras organizações

A Organização das Nações Unidas (ONU) e outras organizações internacionais devem desempenhar um papel central na facilitação da cooperação mundial em matéria de cibersegurança. Os Estados-Membros devem colaborar para reforçar os quadros existentes no âmbito destas organizações, garantindo que estão bem equipados para enfrentar a natureza evolutiva das ciberameaças.

Criação de novos organismos ou iniciativas internacionais
Tendo em conta os desafios únicos colocados pelo ciberespaço, as nações poderiam explorar a criação de novos organismos ou iniciativas internacionais dedicados especificamente à cibersegurança. Estas entidades devem centrar-se na promoção da cooperação, na definição de normas globais e na criação de uma plataforma para o diálogo diplomático sobre questões relacionadas com o ciberespaço.

B. Reforçar os acordos bilaterais e multilaterais
Quadro para acordos bem sucedidos
É essencial estabelecer um quadro claro para acordos bilaterais e multilaterais. Este quadro deve incluir disposições para a partilha de informações, a resposta conjunta a incidentes e o desenvolvimento de normas comuns de cibersegurança. A clareza dos acordos promoverá a confiança entre as nações e facilitará uma colaboração mais eficaz.

Incentivar uma participação mais alargada
As nações devem encorajar ativamente uma participação mais ampla nos acordos bilaterais e multilaterais de cibersegurança. A inclusão não só aumentará a diversidade de perspectivas como também contribuirá para uma rede mundial de cibersegurança mais abrangente e resistente.

Desafios e tendências futuras

Introdução:

Nos últimos anos, o rápido avanço das tecnologias emergentes transformou significativamente o panorama da cibersegurança e das relações internacionais. O presente documento analisa o impacto destas tecnologias, aborda os desafios jurídicos e éticos e especula sobre cenários futuros no domínio da cibersegurança.

1. Tecnologias emergentes e cibersegurança:
1.1 Inteligência Artificial e Aprendizagem Automática:

A Inteligência Artificial (IA) e a Aprendizagem Automática (AM) revolucionaram a cibersegurança, melhorando as capacidades de deteção e resposta a ameaças. Os algoritmos orientados para a IA podem analisar grandes quantidades de dados, identificar padrões e prever potenciais ciberameaças. No entanto, a crescente sofisticação dos ciberataques impulsionados pela IA representa um desafio significativo para os profissionais de cibersegurança.

1.2 Computação quântica:

O advento da computação quântica introduz oportunidades e ameaças à cibersegurança. Embora os computadores quânticos tenham potencial para quebrar os algoritmos de encriptação existentes, também oferecem a possibilidade de criar sistemas criptográficos mais seguros. A comunidade da cibersegurança enfrenta o desafio de se preparar para a era quântica através do desenvolvimento de algoritmos resistentes à quântica.

1.3 Internet das Coisas (IoT):

A proliferação de dispositivos IoT alargou a superfície de ataque das ciberameaças. Os dispositivos IoT inseguros podem ser explorados para lançar ataques em grande escala, e a falta de medidas de segurança padronizadas representa um desafio para garantir a resiliência dos ecossistemas IoT. A segurança da IoT exige a colaboração entre fabricantes, decisores políticos e especialistas em cibersegurança.

1.4 Blockchain e tecnologias descentralizadas:

A tecnologia Blockchain, conhecida pela sua natureza descentralizada e resistente à adulteração, é promissora para melhorar a integridade dos dados e das transacções. No entanto, o aumento de aplicações descentralizadas também apresenta novos desafios, incluindo vulnerabilidades de contratos inteligentes e o potencial para ataques cibernéticos baseados em blockchain. Encontrar um equilíbrio entre inovação e segurança é crucial para a adoção de tecnologias de cadeia de blocos.

2. Desafios jurídicos e éticos na cibersegurança:
2.1 Questões de jurisdição:

Os ciberataques transcendem frequentemente as fronteiras nacionais, colocando desafios à jurisdição legal e à cooperação internacional. A falta de um quadro jurídico unificado complica os esforços para processar os cibercriminosos, e as tensões geopolíticas podem dificultar as iniciativas de colaboração em matéria de cibersegurança.

2.2 Preocupações com a privacidade:

À medida que as medidas de cibersegurança se tornam mais sofisticadas, intensificam-se as preocupações com a privacidade individual. Equilibrar a necessidade de uma cibersegurança robusta com a proteção dos dados pessoais é um desafio permanente. Os esforços legislativos, como o Regulamento Geral sobre a Proteção de Dados (RGPD), visam dar resposta a estas preocupações, mas também levantam questões sobre o cumprimento e a aplicação.

2.3 Operações cibernéticas ofensivas:

As implicações éticas das operações cibernéticas ofensivas, incluindo os ciberataques patrocinados pelo Estado, levantam questões sobre as regras de empenhamento no ciberespaço. A ausência de normas claras e de acordos internacionais aumenta o risco de conflitos cibernéticos e de escaladas.

3. Cenários futuros em matéria de cibersegurança:

3.1 Ciberdefesa autónoma:

A evolução da IA pode levar ao desenvolvimento de sistemas autónomos de ciberdefesa capazes de detetar e mitigar ameaças em tempo real. No entanto, as preocupações com a responsabilidade e as consequências não intencionais dos sistemas autónomos devem ser cuidadosamente abordadas.

3.2 Diplomacia em matéria de cibersegurança:

No futuro, a diplomacia em matéria de cibersegurança poderá vir a ser objeto de uma maior atenção, à medida que as nações reconhecem a interconexão dos seus ecossistemas digitais. Os acordos e normas internacionais para um comportamento responsável no ciberespaço poderão ajudar a evitar os ciberconflitos e estabelecer um quadro de cooperação.

3.3 Aumento da capacidade humana e competências em cibersegurança:

Os avanços nas tecnologias de aumento da capacidade humana podem desempenhar um papel crucial na resolução do problema da escassez de profissionais de cibersegurança. As capacidades cognitivas melhoradas e o aumento das competências poderão permitir que os indivíduos se defendam melhor contra ciberameaças sofisticadas.

Conclusão

Concluindo, esta revista aprofundou a intrincada intersecção da cibersegurança e das relações internacionais, iluminando a paisagem em evolução moldada pelas tecnologias digitais. A importância da cibersegurança na era moderna não pode ser exagerada, com a integração perfeita das tecnologias digitais rotecido das relações internacionais. À medida que a nossa sociedade global se torna cada vez mais interconectada, a dinâmica da política na era digital exige uma compreensão diferenciada que incorpore o contexto histórico, os diversos actores e os desafios colocados pelas tecnologias emergentes.

Através de uma exploração exaustiva, surgiram conclusões fundamentais. O contexto histórico elucidou a evolução da cibersegurança, assinalando momentos cruciais que moldaram a paisagem contemporânea. A análise dos Estados-nação, dos intervenientes não estatais e das empresas multinacionais como principais intervenientes no ciberespaço sublinhou a natureza multifacetada dos desafios da cibersegurança. A análise da guerra cibernética e da dissuasão no ciberespaço revelou as insuficiências das teorias tradicionais na abordagem das complexidades do domínio digital.

A governação e a cooperação internacionais, como discutido na sexta secção, destacaram o papel de organizações como a ONU e a NATO, bem como de acordos bilaterais e multilaterais, na atenuação dos desafios da cibersegurança. No entanto, a avaliação da sua eficácia revelou lacunas que devem ser colmatadas para promover um ambiente digital mais seguro.

A secção sobre desafios e tendências futuras explorou o impacto das tecnologias emergentes na cibersegurança, aprofundando as considerações legais e éticas. Especulando sobre potenciais cenários futuros, a análise sublinhou a necessidade de medidas proactivas para enfrentar os desafios futuros.

Implicações e recomendações:

As implicações desta investigação são múltiplas. Os decisores políticos devem reconhecer a urgência de desenvolver estratégias adaptativas que reconheçam a natureza dinâmica das ameaças à cibersegurança. A colaboração a nível nacional e internacional é imperativa, salientando a necessidade de quadros jurídicos actualizados e de orientações éticas para reger as interacções digitais.

As recomendações incluem o investimento em infra-estruturas robustas de cibersegurança, a promoção da cooperação internacional através de acordos actualizados e o desenvolvimento de abordagens interdisciplinares que integrem conhecimentos de tecnologia, direito e diplomacia.

Na sua essência, esta revista sublinha que a cibersegurança não é apenas uma questão técnica, mas uma componente fundamental das relações internacionais contemporâneas. Ao abordar de forma abrangente as complexidades e os desafios, os decisores políticos podem navegar no panorama digital de forma mais eficaz, garantindo a resiliência das nações face à evolução das ciberameaças.

Referências

Introdução:

Clarke, R. A., & Knake, R. K. (2010). "Cyber War: The Next Threat to National Security and What to Do About It" [Guerra cibernética: a próxima ameaça à segurança nacional e o que fazer a respeito].
Nye, J. S. (2011). "O futuro do poder".
Rid, T., & Buchanan, B. (2015). "Atribuição de ataques cibernéticos".

Quadro teórico:

Walt, S. M. (1998). "Relações Internacionais: One World, Many Theories". Wendt, A. (1992). "Anarchy is what States Make of It: The Social Construction of Power Politics".
Schneier, B. (2012). "Liars and Outliers: Enabling the Trust that Society Needs to Thrive".

Contexto histórico:

Libicki, M. C. (2009). "Ciberdeterrence and Cyberwar".
Brenner, J. (2009). "America the Vulnerable: Inside the New Threat Matrix of Digital Espionage, Crime, and Warfare".
Segal, A. (2015). "A Ordem Mundial Hackeada: How Nations Fight, Trade, Maneuver, and Manipulate in the Digital Age".

Actores-chave no ciberespaço:

Rid, T. (2013). "A guerra cibernética não vai acontecer".
Singer, P. W., & Friedman, A. (2014). "Cibersegurança e guerra cibernética: O que toda a gente precisa de saber".
Brenner, S. W. (2007). "O direito numa era de tecnologia inteligente".

A cibersegurança e os conflitos internacionais :
Carr, J. E. (2011). "Inside Cyber Warfare".
Arquilla, J., & Ronfeldt, D. (1993). "A guerra cibernética está a chegar!"
Schmitt, M. N. (1999). "Guerra por cabo: Ataque a redes informáticas e Jus in Bello".

Governação internacional e cooperação:
Manual de Tallinn 2.0 sobre o direito internacional aplicável às ciberoperações. Carr, M. (2019). "O Relatório da Comissão Solarium do Ciberespaço".
Charney, S. (2010). "Addressing the Free Rider Problem in Cybersecurity".

Desafios e tendências futuras :
Bode, I., & Klump, R. (2017). "A Internet das Coisas".
Clarke, R., & Knake, R. (2014). "Guerra cibernética e o direito da guerra".

Denning, D. E., & Baugh, W. E. (2013). "Os desafios da cibersegurança".

Apêndices

Apêndice A: Quadros de cibersegurança
O Quadro de Cibersegurança do NIST
ISO/IEC 27001:2013 Sistemas de gestão da segurança da informação
COBIT (Control Objectives for Information and Related Technologies)

Apêndice B: Incidentes internacionais com o ciberespaço
Stuxnet e as suas implicações
Interferência cibernética da Rússia nas eleições dos EUA
(2016) Ataque de ransomware WannaCry

Apêndice C: Empresas Multinacionais e Cibersegurança
Estudo de caso: Hack da Sony Pictures
O papel dos gigantes tecnológicos na cibersegurança

Apêndice D: Caso de guerra cibernética Estudos
Ciberataques na Estónia (2007) Operação
Aurora: Google e mais além Ataque de
ransomware NotPetya

Apêndice E: Acordos internacionais sobre cibersegurança
Manual de Tallinn sobre o direito internacional aplicável à ciberguerra
Convenção de Budapeste sobre a cibercriminalidade

Apêndice F: Tecnologias emergentes em matéria de
cibersegurança Inteligência artificial e aprendizagem automática
em matéria de cibersegurança Computação quântica e suas
implicações para a criptografia

Apêndice **G: Considerações legais e éticas**
Privacidade e vigilância na era digital Hacking ético
e divulgação responsável

Apêndice H: Cenários futuros
A ascensão dos cibermercenários
Potenciais ameaças à cibersegurança na Internet das Coisas (IoT)

I **want** morebooks!

Buy your books fast and straightforward online - at one of world's fastest growing online book stores! Environmentally sound due to Print-on-Demand technologies.

Buy your books online at
www.morebooks.shop

Compre os seus livros mais rápido e diretamente na internet, em uma das livrarias on-line com o maior crescimento no mundo! Produção que protege o meio ambiente através das tecnologias de impressão sob demanda.

Compre os seus livros on-line em
www.morebooks.shop

Printed by Books on Demand GmbH, Norderstedt / Germany